2-1

"따라쓰기 쉬운"

바른 글씨체와
받아쓰기

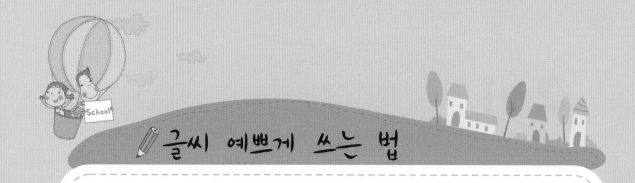

글씨 예쁘게 쓰는 법

　바른 자세는 예쁜 글씨의 기본조건입니다. 같은 사람이라도 필기구 잡는 법을 바꾸면 글씨체가 바뀝니다.

　필기구를 제대로 잡아야 손놀림이 자유롭고 힘이 많이 들어가지 않으며 글씨체도 부드러워집니다. 또 오른손이 필기구를 잡는다면 왼손은 항상 종이 위쪽에 둬야 몸 자세가 비뚤어지지 않습니다.

　글씨 연습의 원칙 중엔 '크게 배워서 작게 쓰라'도 있습니다. 처음부터 작게 연습을 하면 크게 쓸 때 글씨체가 흐트러지기 쉽기 때문입니다. 글씨 연습의 첫 출발은 선 긋기입니다. 선 긋기만 1주일에서 열흘 정도 연습해야 합니다. 글씨의 기둥 역할을 하는 'ㅣ'는 쓰기 시작할 때 힘을 주고 점차 힘을 빼면서 살짝 퉁기는 기분으로 빠르게 내려긋습니다. 'ㅡ'는 처음부터 끝까지 일정한 힘을 줘 긋습니다.

　선 긋기 연습이 끝나면 'ㄱ' 'ㄴ' 'ㅅ' 'ㅇ'을 연습합니다. 'ㄱ'과 'ㄴ'은 꺾이는 부분을 직각으로 하지 말고 살짝 굴려줘야 글씨를 부드럽게 빨리 쓸 수 있습니다. 'ㅇ'은 크게 쓰는 것이 중요합니다. 'ㅇ'은 글자의 얼굴격이기 때문입니다. 작게 쓰면 백발백중 글씨가 지저분하게 보입니다.

　다음엔 자음·모음 배열법입니다. 글자 모양을 'ㄑ' 'ㅿ' 'ㅵ' 'ㅁ' 안에 집어넣는다고 생각하고 씁니다. 예를 들어 '서' '상' 등은 'ㄑ' 모양, '읽'은 'ㅁ' 모양에 맞춰 쓰는 식입니다. 글씨를 이어 쓸 때는 옆 글자와 키를 맞춰줘야 합니다. 키가 안 맞으면 보기 흉합니다. 글씨를 빨리 쓸 때는 글자에 약간 경사를 주면 됩니다. 이때는 가로획만 살짝 오른쪽 위로 올리고, 세로획은 똑바로 내려긋습니다.

예

이책의 구성과 특징

❶ 글씨 쓰기는 집중력과 두뇌 발달에 도움을 줍니다.

❷ 흐린 글씨를 따라 쓰고 빈칸에 맞추어 쓰다 보면
   한글 자형의 구조를 알 수 있습니다.

❸ 글씨쓰기의 모든 칸을 원고지로 구성하여 바르고 고른 글씨
   를 연습하는데 좋습니다.

❹ 원고지 사용법을 기록하여 대화글 쓰는데 도움이 됩니다.
   예 ? (물음표) – 묻는 문장 끝에 씁니다.

❺ 퍼즐을 넣어 단어의 뜻과 놀이를 동시에 할 수 있습니다.

❻ 단원 끝나는 부분에 틀리기 쉬운 글자를 한번 더 복습하여
   낱말의 정확성을 키워 줍니다.

바른 자세 익히기

글씨를 쓸 때의 올바른 자세에 대해 알아보아요.

고개를 조금만
숙입니다.

글씨를 쓰지 않는
손으로 공책을
살짝 눌러 줍니다.

허리를 곧게
폅니다.

엉덩이를 의자
뒤쪽에 붙입니다.

두 발은 바닥에
나란히 닿도록
합니다.

 연필을 바르게 잡는 방법을 알아보아요.

엄지손가락과
집게손가락의 모양을
둥글게 하여 연필을
잡습니다.

연필을 잡을 때에
너무 힘을 주면
안 돼요.

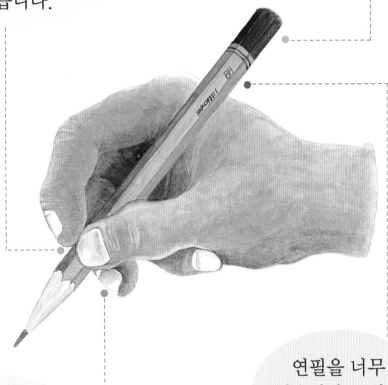

가운뎃손가락으로
연필을 받칩니다.

연필을 너무
세우거나 눕히지
않습니다.

School Life

바른자세 익히기 · · · · · · · · · · · · · 4

1. 느낌을 말해요 · · · · · · · · · · · · 7
　글씨 따라쓰기 · · · · · · · · · · · · · · 8
　틀린 글자 바르게 고쳐쓰기 · · · · 20

2. 알고 싶어요 · · · · · · · · · · · · · 21
　글씨 따라쓰기 · · · · · · · · · · · · · · 22
　틀린 글자 바르게 고쳐쓰기 · · · · · 32

3. 이런 생각이 들어요 · · · · · 33
　글씨 따라쓰기 · · · · · · · · · · · · · · 34
　틀린 글자 바르게 고쳐쓰기 · · · · · 44

4. 마음을 담아서 · · · · · · · · · · 45
　글씨 따라쓰기 · · · · · · · · · · · · · · 46
　틀린 글자 바르게 고쳐쓰기 · · · · · 56

5. 무엇이 중요할까 · · · · · · · · 57
　글씨 따라쓰기 · · · · · · · · · · · · · 58
　틀린 글자 바르게 고쳐쓰기 · · · · 68

6. 의견이 있어요 · · · · · · · · · · 69
　글씨 따라쓰기 · · · · · · · · · · · · · 70
　틀린 글자 바르게 고쳐쓰기 · · · · 80

7. 따뜻한 눈길로 · · · · · · · · · · 81
　글씨 따라쓰기 · · · · · · · · · · · · · 82
　틀린 글자 바르게 고쳐쓰기 · · · · 92

8. 재미가 새록새록 · · · · · · · · 93
　글씨 따라쓰기 · · · · · · · · · · · · · 94
　틀린 글자 바르게 고쳐쓰기 · · · · 104

단원별 받아쓰기장 · · · · · · · · · 106
원고지 사용법 · · · · · · · · · · · · · · 114

1. 느낌을 말해요

 연필을 바르게 잡고 다음 낱말을 따라 써 보아요.

새싹 새싹 새싹
새싹 새싹 새싹

호랑나비
호랑나비

흙 흙 흙 흙
흙 흙 흙 흙

푸른 푸른푸른
푸른 푸른푸른

다음 글을 읽고 문장을 따라 써 보아요.

영 치 기   영 차   영 차

영 치 기   영 차   영 차

영 치 기   영 차   영 차

돌 팍   밑 에   새 싹 들

돌 팍   밑 에   새 싹 들

돌 팍   밑 에   새 싹 들

 연필을 바르게 잡고 다음 낱말을 따라 써 보아요.

개 구 리 　개 구 리
개 구 리 　개 구 리

한 솥 밥 　한 솥 밥
한 솥 밥 　한 솥 밥

엉 엉 　엉 엉 엉 엉
엉 엉 　엉 엉 엉 엉

논 두 렁 　논 두 렁
논 두 렁 　논 두 렁

다음 글을 읽고 문장을 따라 써 보아요.

옛날   어느   곳에
옛날   어느   곳에
옛날   어느   곳에

개구리   하나   살았네
개구리   하나   살았네
개구리   하나   살았네

 다음 곤충을 생각하며 낱말을 따라 써 보아요.

쇠똥구리를　만나요

쇠똥구리를　만나요

쇠똥구리를　만나요

개똥벌레를　만나요

개똥벌레를　만나요

개똥벌레를　만나요

동시를 생각하며 다음 낱말을 따라 써 보아요.

무슨 김치 먹었니

무슨 김치 먹었니

무슨 김치 먹었니

열무김치 먹었다.

열무김치 먹었다.

열무김치 먹었다.

I. 느낌을 말해요

 다음 글을 읽고 문장을 따라 써 보아요.

할머니는 남해 바

다 깊은 물도 겨우

무릎에 닿았대.

다음 글을 읽고 문장을 따라 써 보아요.

흙을　가득　퍼　담

아　제주도　한　가운

데　차곡차곡　쌓았어

 다음 글을 읽고 문장을 따라 써 보아요.

설문대 할망의 옷

이 얼마나 크겠어?

다음 글을 읽고 문장을 따라 써 보아요.

아 기　닭 을　병 아 리

아 기　소 를　송 아 지

아 기　말 을　망 아 지

 가리키는 말이에요. 다음 낱말을 따라 써 보아요.

이 것	이 것	이 것	이 것
이 것	이 것	이 것	이 것

저 것	저 것	저 것	저 것
저 것	저 것	저 것	저 것

그 것	그 것	그 것	그 것
그 것	그 것	그 것	그 것

 가리키는 말이에요. 다음 낱말을 따라 써 보아요.

여 기　　여 기　　여 기 여 기
여 기　　여 기　　여 기 여 기

저 기　　저 기　　저 기 저 기
저 기　　저 기　　저 기 저 기

거 기　　거 기　　거 기 거 기
거 기　　거 기　　거 기 거 기

 틀린 글자예요. 바르게 고쳐 써 보아요.

얼마나 기쁜지	기쁜지	기쁜지
하루 동안 격끈일	겪은 일	겪은 일
슬펏던 일	슬펐던　일	일
자새히	자세히	자세히

2. 알고 싶어요

 연필을 바르게 잡고 다음 낱말을 따라 써 보아요.

동 물

동 물 동 물

동 물

동 물 동 물

기 린

기 린 기 린

기 린

기 린 기 린

깃 털

깃 털 깃 털

깃 털

깃 털 깃 털

표 범

표 범 표 범

표 범

표 범 표 범

 다음 글을 읽고 문장을 따라 써 보아요.

추위로부터 몸을

추위로부터 몸을

추위로부터 몸을

보호할 수 있습니다

보호할 수 있습니다

보호할 수 있습니다

 연필을 바르게 잡고 다음 낱말을 따라 써 보아요.

독 도 　 독 도 독 도
독 도 　 독 도 독 도

울 릉 도 　 울 릉 도
울 릉 도 　 울 릉 도

돌 　 돌 　 돌 　 돌
돌 　 돌 　 돌 　 돌

봉 우 리 　 봉 우 리
봉 우 리 　 봉 우 리

다음 글을 읽고 문장을 따라 써 보아요.

신 라　시 대 에 는　우
신 라　시 대 에 는　우
신 라　시 대 에 는　우

산 도 라 고　불 렀 습 니 다
산 도 라 고　불 렀 습 니 다
산 도 라 고　불 렀 습 니 다

2. 알고 싶어요

 다음 글을 읽고 문장을 따라 써 보아요.

온몸에 엷은 갈색

온몸에 엷은 갈색

점이 많고 깨끗한

점이 많고 깨끗한

물에서만 삽니다.

물에서만 삽니다.

 다음 글을 읽고 문장을 따라 써 보아요.

나라에서　어름치를

나라에서　어름치를

보호하기　위해　천연

보호하기　위해　천연

기념물로　정했습니다

기념물로　정했습니다

 다음 글을 읽고 문장을 따라 써 보아요.

어름치는 자갈을

입으로 물어다 강바

닥에 모읍니다.

 다음 글을 읽고 문장을 따라 써 보아요.

비가   많이   오는

비가   많이   오는

해에, 자갈을   강의

해에, 자갈을   강의

가장자리에   모읍니다

가장자리에   모읍니다

 방향을 나타내는 말이에요. 다음 낱말을 따라 써 보아요.

앞	앞	앞	앞	앞
뒤	뒤	뒤	뒤	뒤
위	위	위	위	위
끝	끝	끝	끝	끝
옆	옆	옆	옆	옆
아 래	아 래	아 래	아 래	

 방향을 나타내는 말이에요. 다음 낱말을 따라 써 보아요.

오른쪽	오른쪽	오른쪽

왼쪽	왼쪽	왼쪽 왼쪽

가운데	가운데	가운데

틀린 글자예요. 바르게 고쳐 써 보아요.

| 이를
깨끄시 | 깨 끗 이　깨 끗 이
깨 끗 이　깨 끗 이 |

| 관찰하엿
습니다 | 관 찰 하 였 습 니 다
관 찰 하 였 습 니 다 |

| 봄
나드리 | 나 들 이　나 들 이
나 들 이　나 들 이 |

| 마는
종류의 | 많 은　많 은 많 은
많 은　많 은 많 은 |

3. 이런 생각이 들어요

 연필을 바르게 잡고 다음 낱말을 따라 써 보아요.

마음

마음 마음 마음

마음 마음 마음

짝꿍

짝꿍 짝꿍 짝꿍

짝꿍 짝꿍 짝꿍

심술쟁이

심술쟁이

장난꾸러기

장난꾸러기

다음 글을 읽고 문장을 따라 써 보아요.

짝을　바꾸어　주시
짝을　바꾸어　주시
짝을　바꾸어　주시

기로　한　날입니다.
기로　한　날입니다.
기로　한　날입니다.

 연필을 바르게 잡고 다음 낱말을 따라 써 보아요.

어 부

멸 치

그 물

고 기

 다음 글을 읽고 문장을 따라 써 보아요.

빈　그물이라니　오

빈　그물이라니　오

빈　그물이라니　오

늘은　운이　없구나!

늘은　운이　없구나!

늘은　운이　없구나!

 다음 글을 읽고 문장을 따라 써 보아요.

아 저 씨, 저 희 가 축

아 저 씨, 저 희 가 축

구 할 때 시 끄 럽 게

구 할 때 시 끄 럽 게

해 서 죄 송 해 요.

해 서 죄 송 해 요.

 다음 글을 읽고 문장을 따라 써 보아요.

어린이 축구장이

생겨서 마음 놓고

축구를 하고 싶다.

 연필을 바르게 잡고 다음 낱말을 따라 써 보아요.

코뿔소와   코끼리가

호수를 차지하려고

싸움을 하고 있어요

다음 글을 읽고 문장을 따라 써 보아요.

아침에는   코끼리의

호수로, 저녁에는   코

뿔소의   호수로 하자

3. 이런 생각이 들어요

 지나간 일(과거)을 나타내는 말이에요. 따라 써 보아요.

| 어 제 | 어 제 | 어 제 | 어 제 |
| 어 제 | 어 제 | 어 제 | 어 제 |

| 지 난 밤 | 지 난 밤 | 지 난 밤 |
| 지 난 밤 | 지 난 밤 | 지 난 밤 |

| 그 저 께 | 그 저 께 | 그 저 께 |
| 그 저 께 | 그 저 께 | 그 저 께 |

 다가올 일(미래)을 나타내는 말이에요. 따라 써 보아요.

| 내 일 | 내 일 | 내 일 | 내 일 |
| 내 일 | 내 일 | 내 일 | 내 일 |

| 모 레 | 모 레 | 모 레 | 모 레 |
| 모 레 | 모 레 | 모 레 | 모 레 |

| 앞 으 로 | 앞 으 로 | 앞 으 로 |
| 앞 으 로 | 앞 으 로 | 앞 으 로 |

 틀린 글자예요. 바르게 고쳐 써 보아요.

쓰래기	쓰 레 기	쓰 레 기
	쓰 레 기	쓰 레 기

예뿌게	예 쁘 게	예 쁘 게
	예 쁘 게	예 쁘 게

광고지를 부치면	붙 이 면	붙 이 면
	붙 이 면	붙 이 면

몇일 전부터	며 칠	며 칠 며 칠
	며 칠	며 칠 며 칠

4. 마음을 담아서

4. 마음을 담아서

 연필을 바르게 잡고 다음 낱말을 따라 써 보아요.

까 치　까 치 까 치
까 치　까 치 까 치

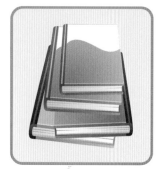

책　책　책　책
책　책　책　책

박 수　박 수 박 수
박 수　박 수 박 수

꼬 리　꼬 리 꼬 리
꼬 리　꼬 리 꼬 리

다음 글을 읽고 문장을 따라 써 보아요.

응 원 을   하 나   봐 요

응 원 을   하 나   봐 요

응 원 을   하 나   봐 요

어 디 서   배 웠 을 까

어 디 서   배 웠 을 까

어 디 서   배 웠 을 까

4. 마음을 담아서

 연필을 바르게 잡고 다음 낱말을 따라 써 보아요.

돋보기

하 마

얼 굴

코

다음 글을 읽고 문장을 따라 써 보아요.

야, 진짜 우습다.

야, 진짜 우습다.

야, 진짜 우습다.

돋보기를 대 봐.

돋보기를 대 봐.

돋보기를 대 봐.

4. 마음을 담아서

 다음 글을 읽고 문장을 따라 써 보아요.

첫째와 둘째는 잘

첫째와 둘째는 잘

생기고 힘도 좋아서

생기고 힘도 좋아서

사랑을 많이 받았지

사랑을 많이 받았지

다음 글을 읽고 문장을 따라 써 보아요.

어 느 날 , 마 을 에   호

랑 이 가   나 타 나 서   소

와   돼 지 를   잡 아 갔 지

 다음 글을 읽고 문장을 따라 써 보아요.

반쪽이는 두런거리

는 소리에 깼어.

녀석은 떠났느냐?

다음 글을 읽고 문장을 따라 써 보아요.

잽 싸 게 　 호 랑 이 의

머 리 에 　 주 먹 을 　 날 리

고 　 목 을 　 잡 았 어 .

4. 마음을 담아서

 김치의 종류로 무엇이 있는지 따라 써 보아요.

갓 김 치 갓 김 치 갓 김 치
갓 김 치 갓 김 치 갓 김 치

깍 두 기 깍 두 기 깍 두 기
깍 두 기 깍 두 기 깍 두 기

배 추 김 치 배 추 김 치
배 추 김 치 배 추 김 치

백 김 치 백 김 치 백 김 치
백 김 치 백 김 치 백 김 치

 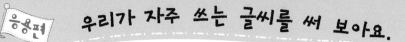
 김치의 종류로 무엇이 있는지 따라 써 보아요.

겉 절 이 　　겉 절 이 겉 절 이
겉 절 이 　　겉 절 이 겉 절 이

열 무 김 치 　　열 무 김 치
열 무 김 치 　　열 무 김 치

동 치 미 　　동 치 미 동 치 미
동 치 미 　　동 치 미 동 치 미

파 김 치 　　파 김 치 파 김 치
파 김 치 　　파 김 치 파 김 치

 틀린 글자예요. 바르게 고쳐 써 보아요.

신기한 달펭이	달 팽 이	달 팽 이
	달 팽 이	달 팽 이

이쁘게	예 쁘 게	예 쁘 게
	예 쁘 게	예 쁘 게

풋말	푯 말	푯 말 푯 말
	푯 말	푯 말 푯 말

끈말 잇기	끝 말 잇 기	
	끝 말 잇 기	

5. 무엇이 중요할까?

5. 무엇이 중요할까?

 연필을 바르게 잡고 다음 낱말을 따라 써 보아요.

항아리　항아리
항아리　항아리

진 흙　진 흙 진 흙
진 흙　진 흙 진 흙

그 릇　그 릇 그 릇
그 릇　그 릇 그 릇

앞 마 당　앞 마 당
앞 마 당　앞 마 당

 다음 글을 읽고 문장을 따라 써 보아요.

이 게   다   옹 기 예 요

이 게   다   옹 기 예 요

이 게   다   옹 기 예 요

간 장 ,   된 장 ,   고 추 장

간 장 ,   된 장 ,   고 추 장

간 장 ,   된 장 ,   고 추 장

 연필을 바르게 잡고 다음 낱말을 따라 써 보아요.

전 통 　전 통 전 통

할 머 니 　할 머 니

공 예 　공 예 공 예

상 자 　상 자 상 자

다음 글을 읽고 문장을 따라 써 보아요.

어린이들이　옛　물

어린이들이　옛　물
어린이들이　옛　물

건　만들기를　배운다

건　만들기를　배운다
건　만들기를　배운다

 다음 글을 읽고 문장을 따라 써 보아요.

푸른꿈도서관이 어

린이 자료실을 새롭

게 단장하였습니다.

다음 글을 읽고 문장을 따라 써 보아요.

뛰어다니거나   큰

소리로   떠드는   행동

은   하지   맙시다.

 다음 글을 읽고 문장을 따라 써 보아요.

승호네 반에서는

승호네 반에서는

팔씨름 대회를 하기

팔씨름 대회를 하기

로 하였습니다.

로 하였습니다.

 다음 글을 읽고 문장을 따라 써 보아요.

팔 씨 름 에 서　 이 기 려

면　 팔 을　 너 무　 벌 리

지　 말 아 야　 한 다 .

 서로 반대되는 말을 비교하며 따라 써 보아요.

먼 저	먼 저	먼 저	먼 저
나 중	나 중	나 중	나 중
가 벼 운	가 벼 운	가 벼 운	
무 거 운	무 거 운	무 거 운	
작 은	작 은	작 은	작 은
큰	큰	큰	큰	큰

 서로 반대되는 말을 비교하며 따라 써 보아요.

깨끗한	깨끗한 깨끗한
더러운	더러운 더러운
길다	길다 길다 길다
짧다	짧다 짧다 짧다
춥다	춥다 춥다 춥다
덥다	덥다 덥다 덥다

 틀린 글자예요. 바르게 고쳐 써 보아요.

새탁소	세 탁 소 세 탁 소
	세 탁 소 세 탁 소

텔래비젼	텔 레 비 전
	텔 레 비 전

낱말 묵음	묶 음 묶 음 묶 음
	묶 음 묶 음 묶 음

은행입	은 행 잎 은 행 잎
	은 행 잎 은 행 잎

6. 의견이 있어요

 연필을 바르게 잡고 다음 낱말을 따라 써 보아요.

물　물　물　물
물　물　물　물

세 수　세 수 세 수
세 수　세 수 세 수

빨 래　빨 래 빨 래
빨 래　빨 래 빨 래

찌 꺼 기　찌 꺼 기
찌 꺼 기　찌 꺼 기

다음 글을 읽고 문장을 따라 써 보아요.

물은 우리에게 어

떤 도움을 줄까요?

6. 의견이 있어요

 연필을 바르게 잡고 다음 낱말을 따라 써 보아요.

해 해 해 해
해 해 해 해

달 달 달 달
달 달 달 달

세 상　세 상 세 상
세 상　세 상 세 상

나 뭇 잎　나 뭇 잎
나 뭇 잎　나 뭇 잎

 다음 글을 읽고 문장을 따라 써 보아요.

너희는　자기가　본

모습만　말하는구나.

6. 의견이 있어요

 다음 글을 읽고 문장을 따라 써 보아요.

이웃집 형이 십원

이웃집 형이 십원

짜리 동전을 떨어뜨

짜리 동전을 떨어뜨

리고 지나갔습니다.

리고 지나갔습니다.

 다음 글을 읽고 문장을 따라 써 보아요.

작은 것을 소중히

작은 것을 소중히

여기는 마음이라는

여기는 마음이라는

생각이 들었습니다.

생각이 들었습니다.

 다음 글을 읽고 문장을 따라 써 보아요.

자 기 가 별 나 라 에

가 야 한 다 고 한 마 디

씩 하 였 습 니 다 .

 다음 글을 읽고 문장을 따라 써 보아요.

지 구 가　　얼 마 나　　아

름 답 고　　살 기　　좋 은

곳 인 지　　알 려　　주 겠 어

6. 의견이 있어요

 비의 종류에는 어떤것이 있는지 따라 써 보아요.

| 이슬비 | 이슬비 | 이슬비 |
| 이슬비 | 이슬비 | 이슬비 |

| 보슬비 | 보슬비 | 보슬비 |
| 보슬비 | 보슬비 | 보슬비 |

| 소나기 | 소나기 | 소나기 |
| 소나기 | 소나기 | 소나기 |

 비의 종류에는 어떤것이 있는지 따라 써 보아요.

가랑비   가랑비 가랑비
가랑비   가랑비 가랑비

진눈깨비   진눈깨비
진눈깨비   진눈깨비

여우비   여우비 여우비
여우비   여우비 여우비

79

 틀린 글자예요. 바르게 고쳐 써 보아요.

외냐하면	왜 냐 하 면
	왜 냐 하 면

조아하는	좋 아 하 는
	좋 아 하 는

있잔아	있 잖 아 있 잖 아
	있 잖 아 있 잖 아

그레서	그 래 서 그 래 서
	그 래 서 그 래 서

7. 따뜻한 눈길로

7. 따뜻한 눈길로

 연필을 바르게 잡고 다음 낱말을 따라 써 보아요.

키　키　키　키
키　키　키　키

이름　이름이름
이름　이름이름

주먹　주먹주먹
주먹　주먹주먹

빙그레　빙그레
빙그레　빙그레

 다음 글을 읽고 문장을 따라 써 보아요.

키가   아주   작아서

땅꼬마라고   부른다.

 연필을 바르게 잡고 다음 낱말을 따라 써 보아요.

인 형   인 형 인 형

장 난 감   장 난 감

대 문   대 문 대 문

종 이   종 이 종 이

 다음 글을 읽고 문장을 따라 써 보아요.

세 발 자 전 거　탈 생

각 에　기 분 이　좋 다 .

 다음 글을 읽고 문장을 따라 써 보아요.

소 금   장 수 가   고 개

를   넘 다 가   굶 주 린

호 랑 이 와   마 주 쳤 다 .

다음 글을 읽고 문장을 따라 써 보아요.

두 사람은 등잔불

을 켜고 빠져나갈

궁리를 하였습니다.

 다음 글을 읽고 문장을 따라 써 보아요.

왼쪽 뺨을 살짝

건드리면 숙제를 해

주는 로봇이란다.

다음 글을 읽고 문장을 따라 써 보아요.

여 러 　 가 지 　 색 의

크 레 파 스 를 　 바 꾸 어

가 며 　 그 림 을 　 그 렸 다

7. 따뜻한 눈길로

 사물 세는 단위를 알아 보고 따라 써 보아요.

나무가 여섯 그루

나무가 여섯 그루

사과는 여덟 박스

사과는 여덟 박스

국화꽃이 다섯 송이

국화꽃이 다섯 송이

 사물 세는 단위를 알아 보고 따라 써 보아요.

강아지가 세 마리

강아지가 세 마리

볼펜 연필 두 자루

볼펜 연필 두 자루

자동차가 일곱 대

자동차가 일곱 대

틀린 글자예요. 바르게 고쳐 써 보아요.

알아 마치면	맞히면	맞히면
	맞히면	맞히면

가이 바이보	가위바위보	
	가위바위보	

끝남니다	끝납니다	
	끝납니다	

몸찝	몸집	몸집 몸집
	몸집	몸집 몸집

8. 재미가 새록새록

8. 재미가 새록새록

 연필을 바르게 잡고 다음 낱말을 따라 써 보아요.

깜	깜	한		깜	깜	한
깜	깜	한		깜	깜	한

불		불		불		불
불		불		불		불

개		한		마	리
개		한		마	리

임	금	님		임	금	님
임	금	님		임	금	님

 다음 글을 읽고 문장을 따라 써 보아요.

네가 불을 구해

네가 불을 구해

네가 불을 구해

온다면 상을 내리리

온다면 상을 내리리

온다면 상을 내리리

 연필을 바르게 잡고 다음 낱말을 따라 써 보아요.

노래 　노래 노래
노래 　노래 노래

번개 　번개 번개
번개 　번개 번개

약속 　약속 약속
약속 　약속 약속

눈물 　눈물 눈물
눈물 　눈물 눈물

 다음 글을 읽고 문장을 따라 써 보아요.

봄아, 어디 있니?

봄아, 어디 있니?

봄아, 어디 있니?

마음을 울리는구나.

마음을 울리는구나.

마음을 울리는구나.

 다음 글을 읽고 문장을 따라 써 보아요.

얼음덩이처럼 차갑

게 빛나고 있습니다

"앗, 차가워!"

 다음 글을 읽고 문장을 따라 써 보아요.

까막나라에 돌아온

까막나라에 돌아온

불개는 임금님 앞에

불개는 임금님 앞에

퍽 쓰러졌습니다.

퍽 쓰러졌습니다.

 다음 글을 읽고 문장을 따라 써 보아요.

불개에게 상을 주

불개에게 상을 주

겠다고 한 약속은

겠다고 한 약속은

까맣게 잊었습니다.

까맣게 잊었습니다.

 다음 글을 읽고 문장을 따라 써 보아요.

불개는 황금빛을

띤 황삽사리, 검푸른

빛을 띤 청삽사리

 친척을 부르는 말에는 어떤것이 있는지 써 보아요.

고 모	고 모	고 모 고 모
고 모 부	고 모 부 고 모 부
큰 아 버 지	큰 아 버 지
큰 어 머 니	큰 어 머 니
고 종 사 촌	고 종 사 촌
사 촌	사 촌	사 촌 사 촌

친척을 부르는 말에는 어떤것이 있는지 써 보아요.

외 삼 촌	외 삼 촌 외 삼 촌
외 숙 모	외 숙 모 외 숙 모
이 모 부	이 모 부 이 모 부
이 모	이 모 이 모 이 모
외 사 촌	외 사 촌 외 사 촌
이 종 사 촌	이 종 사 촌

틀린 글자예요. 바르게 고쳐 써 보아요.

| 꼬부랑
고개낄 | 고 갯 길 | 고 갯 길
고 갯 길 | 고 갯 길 |

| 길에
안자 | 앉 아 | 앉 아 앉 아
앉 아 앉 아 |

| 엿까락 | 엿 가 락 | 엿 가 락
엿 가 락 | 엿 가 락 |

| 고개를
너머간다 | 넘 어 간 다 | 넘 어 간 다 |

틀린 글자예요. 바르게 고쳐 써 보아요.

하늘은 프르다	푸르다	푸르다
	푸르다	푸르다

바다는 기퍼	깊어	깊어 깊어
	깊어	깊어 깊어

마싯게	맛 있 게	맛 있 게
	맛 있 게	맛 있 게

지팡이를 집는다고	짚 는 다 고	
	짚 는 다 고	

단원별 받아쓰기장

1 느낌을 말해요

1. 돋아나는 모습
2. 영치기 영차
3. 푸른 새싹들
4. 흙덩이를 떠밀고
5. 돌팍 밑에
6. 예쁜 새싹들
7. 무섭지 않고
8. 아기 싹들
9. 개구리네 한솥밥
10. 개구리 하나 살았네

1. 마음 착한 개구리
2. 쌀 한 말을 얻어
3. 형을 찾아 길을 나섰네
4. 덥적덥적 길을 가노라니
5. 봇도랑에 우는 소리
6. 도랑을 가 보니
7. 소시랑게 한 마리
8. 너 왜 우니
9. 발을 다쳐 아파서 운다
10. 방아 깨비 한 마리

1. 뀡뀡 장 서방
2. 자네 집이 어딨니
3. 저 산 넘어
4. 잔솔밭이 내 집일세
5. 무엇 먹고 살았니
6. 김칫국 끓여
7. 무슨 김치 먹었니
8. 열무 김치 먹었다
9. 누구누구 먹었니
10. 나 혼자서 먹었다

1. 까마득한 옛날 일
2. 남쪽 제주도
3. 남해 바다 깊은 물
4. 겨우 무릎에 닿았대
5. 설문대 할망이야
6. 편평한 섬이었어
7. 흙을 가득 퍼 담아
8. 차곡차곡 쌓았어
9. 그것이 바로 백록담이야
10. 옷이 얼마나 크겠어

2 알고 싶어요

1. 깃털 사이에 파 묻고
2. 한쪽 다리로 서서
3. 추위로 부터 몸을 보호
4. 다른 한쪽 다리
5. 서서 자는 동물
6. 기린은 목과 다리가 길어
7. 꾸벅꾸벅 조는
8. 독도의 여러 이름
9. 지어진 까닭
10. 우산도라고 불렀습니다

1. 울릉도에는 우산국
2. 독도의 생긴 모양
3. 높고 낮은
4. 세 개의 봉우리
5. 돌로 이루어진 섬
6. 남쪽 지방 사투리
7. 개미 이야기
8. 독특한 냄새
9. 먼저 간 개미
10. 나중에 올 개미

1. 길을 잃지 않도록
2. 냄새를 묻히며
3. 같은 길을 가게 됩니다
4. 협동을 잘합니다
5. 먹이를 집으로 나를 때
6. 작고 가벼운 먹이
7. 여럿이 힘을 합하여
8. 크고 무거운 먹이
9. 사이좋게 나누어
10. 진딧물을 보호해 주고

1. 온몸에 엷은 갈색 점
2. 꽁꽁 언 얼음
3. 깨끗한 물에서만 삽니다
4. 오염된 강이 많아져서
5. 4월이나 5월
6. 자갈을 입으로 물어다
7. 구덩이를 파고
8. 탑처럼 쌓아 올립니다
9. 비가 많이 오는 해
10. 가장자리에 모읍니다

3 이런 생각이 들어요

1. 짝꿍 바꾸는 날
2. 심술쟁이 종수
3. 착하고 친절한 영호
4. 가슴이 콩닥콩닥
5. 마음이 조마조마
6. 누구와 짝이 될까
7. 심한 장난꾸러기
8. 어부와 멸치
9. 바다로 나간 어부
10. 그물을 던져 놓았습니다

1. 빈 그물이라니
2. 오늘은 운이 없구나
3. 고기야 제발 많이 잡혀 다오
4. 시간이 지난 뒤
5. 큰 고기가 많이 걸렸나 보다
6. 배 위로 끌어올렸습니다
7. 야 요놈들 봐라 하하하
8. 멸치가 가득 들어 있었습니다
9. 아이고 큰일 났네
10. 어부님 저희를 살려 주세요

1. 어제도 빈손으로 돌아갔어
2. 부탁해요 어부님
3. 이웃집 아저씨께 쓴 쪽지
4. 시끄럽게 해서 죄송해요
5. 신이나서 떠들게 돼요
6. 어린이 축구장
7. 마음 놓고 축구할 곳
8. 호수의 주인
9. 당장 저리 가지 못해
10. 내가 먼저 차지했어

1. 말도 안 되는 소리
2. 호수에서 목욕을 했어
3. 코끼리는 아침에
4. 코뿔소는 저녁에
5. 긴 코를 휘두를 테야
6. 힘도 없는 그 코
7. 함께 사용하면 되잖아
8. 눈을 동그랗게 뜨고
9. 싸움을 지켜보던 동물들
10. 손뼉을 치며 좋아하였습니다

4 마음을 담아서

1. 응원을 하나 봐요
2. 삼삼칠 박수
3. 어디서 배웠을까
4. 꼬리를 흔들어 대며
5. 돋보기 보기
6. 진짜 우습다
7. 꼭 하마 입 같다
8. 선생님 얼굴
9. 얼굴이 어떻게 보여
10. 선생님 눈에도

1. 코에 돋보기를 대봐
2. 이 녀석들아
3. 풀과 벌레를 살펴보는 데 써야지
4. 또 깔깔거립니다
5. 지렁이 살펴보러 가요
6. 뱀이 될 텐데 안 무서워
7. 괜찮아요
8. 환호성을 지르며
9. 운동장으로 뛰어나갑니다
10. 여기저기로 다니며

1. 호랑이를 잡은 반쪽이
2. 삼 형제가 살았대
3. 첫째와 둘째
4. 얼굴도 반쪽
5. 마음씨도 착하였어
6. 마을에 큰 일이 생겼어
7. 소와 돼지를 잡아가고
8. 사람들은 불안에 떨었지
9. 큰 형은 길을 떠났지
10. 혼자 가 버렸어

1. 부디 조심하여라
2. 대궐 같은 집
3. 수염이 하얀 영감
4. 저에게 밥 한 그릇만 주십시오
5. 밥을 먹은 뒤
6. 두런거리는 소리에 잠을 깼어
7. 형님들은 어디 있느냐
8. 어떻게 호랑이인 줄 알았지
9. 머리에 주먹을 날렸지
10. 부모님께 효도

5 무엇이 중요할까?

1. 진흙으로 만든 그릇
2. 옹기전은 어떤 곳이에요
3. 옹기그릇을 파는 곳이야
4. 앞마당에 줄지어 서 있는
5. 크고 작은 항아리
6. 배불뚝이 모양
7. 대부분이 갈색
8. 반들반들 하였다
9. 여러 종류의 그릇
10. 밥그릇 국그릇

1. 반찬그릇 수저통
2. 찻잔 등 여러 가지
3. 집에서 본 주전자
4. 이게 다 옹기예요
5. 다양한 모양의 옹기
6. 옛날부터 조상들이 쓰던 그릇
7. 음식을 담아 놓으면
8. 맛도 더 좋아진단다
9. 정말 신기하네요
10. 흙으로 빚어서

1. 바람이 잘 통하기 때문
2. 간장 된장 고추장
3. 편안한 느낌
4. 바람이 들어가는 듯
5. 함께하는 전통 공예 교실
6. 옛 물건 만들기
7. 세 가지 체험
8. 첫째 날과 둘째 날
9. 예쁜 종이 상자
10. 아름다운 부채

1. 도자기 찻잔
2. 훌륭한 솜씨
3. 어린이 자료실
4. 새롭게 단장
5. 마음껏 책을 읽도록
6. 읽고 싶은 책의 제목
7. 도서관 회원증
8. 대출이라고 적힌 표지판
9. 큰 소리로 떠드는 행동
10. 여러분의 꿈을 더 크게 키우세요

6 의견이 있어요

1. 물 없이 살 수 없습니다
2. 어떤 도움을 줄까요
3. 편리하게 해 줍니다
4. 세수 설거지 빨래
5. 물로 전기를 만들어 쓰고
6. 농사도 짓습니다
7. 몸속의 찌꺼기
8. 몸의 온도가 일정하게 유지
9. 물을 아껴 써야 합니다
10. 세수를 하거나 양치질을 할 때

1. 사람들이 사는 마을
2. 참 아름다워
3. 항상 열심히 일하고 있지
4. 나뭇잎은 초록색
5. 은빛으로 빛나
6. 자기가 본 모습
7. 해는 낮의 모습만 보고 말하였지
8. 자기 생각만 옳다고
9. 서로 마주 보며
10. 작은 것도 소중해

1. 집으로 돌아오던 길
2. 이웃집 형
3. 십 원짜리 동전
4. 동전을 떨어뜨렸어요
5. 웃으면서 말하였습니다
6. 나는 참 이상하였습니다
7. 소중하게 여기지 않을까
8. 별나라에서 보낸 초대장
9. 기념하는 자리
10. 지구의 친구

1. 누구를 보낼까요
2. 많은 동물이 몰려들었습니다
3. 별나라에 가야 한다고
4. 나이가 가장 많은
5. 태어나기 훨씬 전
6. 고개를 끄덕였습니다
7. 지구를 무척 사랑해요
8. 얼마나 아름답고 살기 좋은 곳
   인지
9. 신기한 일
10. 지구의 대표가 되어야합니다

단원별 받아쓰기장

7 따뜻한 눈길로

1. 키가 아주 작다
2. 땅꼬마라 부른다
3. 이름을 부른다
4. 기분이 나쁘다
5. 주먹을 불끈 쥐고
6. 노려보면 어쩔건데
7. 빙그레 웃으셨다
8. 마음이 아주 크구나
9. 그게 더 멋지단다
10. 마음이 조금 풀렸다

1. 일요일 아침
2. 어머님과 함께
3. 쓰지 않는 물건
4. 어릴 때 쓰던 장난감과 인형
5. 쌓여 있는 물건
6. 필요한 사람
7. 대문에 쪽지를 붙여 놓자
8. 초인종이 울렸습니다
9. 세발자전거를 탈 생각을 하니
10. 보행기와 인형

1. 아이의 뒷모습
2. 소금 장수와 기름 장수
3. 굶주린 호랑이
4. 한 번만 살려 주십시오
5. 한입에 삼켜 버렸습니다
6. 당신은 누구요
7. 먼저 불을 켜고 봅시다
8. 빠져나갈 궁리
9. 아이고 뜨거워라
10. 호랑이 죽네

1. 수영이의 생일
2. 커다란 선물 꾸러미
3. 숙제를 해 주는 로봇
4. 왼쪽 뺨을 살짝 건드리면
5. 그림 숙제도 해 주지
6. 밤 아홉시
7. 멋진 바다가 풍경
8. 크레파스와 도화지
9. 오늘 일기를 써 다오
10. 수영이는 게으른 아이다

8 재미가 새록새록

1. 불개 이야기
2. 아주 먼 옛날
3. 깜깜한 까막나라
4. 불을 구해 올 수만 있다면
5. 고개만 숙이고
6. 용감한 개 한 마리
7. 임금님 앞에 나섰습니다
8. 그게 정말이냐
9. 불을 구해 온다면 큰 상을 내리리라
10. 나는 현무야

1. 나는 청룡이라고 해
2. 나는 백호
3. 내가 불개지
4. 번개처럼 북쪽으로
5. 불아 어디 있니
6. 환하게 밝혀다오
7. 내 마음을 울리는 구나
8. 잔잔한 물 위로
9. 해와 달에서 나오는 거란다
10. 동쪽으로 달려갔습니다

1. 아 해로구나
2. 조금만 더 날아오르자
3. 어떤 놈이 감히 해를 넘보느냐
4. 뜨거운 불을 내뿜었습니다
5. 쏜살같이 뛰어올라
6. 드디어 해를 찾았다
7. 와락 달려 들어
8. 앗 뜨거워
9. 몸이 검게 그슬렸습니다
10. 겨우 정신을 차린 불개

1. 난 달을 꼭 가지고 가야 해
2. 썩 돌아가지 못할까
3. 세찬 입바람
4. 얼음덩이처럼 차갑게 빛나고
5. 앗 차가워
6. 잇몸이 얼어붙고
7. 푸르고 붉은 불덩이
8. 궁궐이 갑자기 환해졌습니다
9. 황금빛을 띤 황삽사리
10. 검푸른 빛을 띤 청삽사리

원고지 사용법

제목쓰기

– 맨 첫째 줄은 비우고, 둘째 줄 가운데에 씁니다.

						학	교								

학교, 학년반, 이름쓰기

- 학교는 제목 다음 줄에 쓰며, 뒤에서 세 칸을 비웁니다.
- 학년과 반은 학교 다음 줄에 쓰며, 뒤에서 세 칸을 비웁니다.
- 이름은 학년, 반 다음 줄에 쓰며, 뒤에서 두 칸을 비웁니다.
- 본문은 이름 밑에 한 줄을 띄운 후 문장이 시작될때는 항상 첫 칸을 비우고 씁니다.

						학	교								
					행	복	초	등	학	교					
					제	2	학	년		1	반				
								김	하	늘					
	친	구	와		학	교	에		가	요	.				

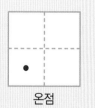

온점

물음표

느낌표

가운뎃점

온점과 큰따옴표　온점과 작은따옴
가 같이 쓰일때　표가 같이 쓰일때

● 아라비아 숫자는 한 칸에 두 자씩 씁니다.

	19	98	년		2	월		28	일									

● 문장 부호도 한 칸을 차지합니다.(온점)

	하	였	습	니	다	.												

● 말없음표는 한 칸에 세 개씩 나누어 두 칸에 찍습니다.

	꼭		가		보	고		싶	은	데	…	…	.					

● 문장 부호 중 물음표나 느낌표는 그 다음 글을 쓸 때는 한 칸을 비웁니다. 그러나 온점이나 반점은 그 다음 칸을 비우지 않고 씁니다.

	하	느	님	!		하	느	님	이		정	말		계	실	까	?
	보	람	이	는		궁	금	했	습	니	다	.	누	구	한	테	
물	어	보	아	야		하	나	?		엄	마	한	테		물	어	볼
까	,	아	빠	한	테		물	어	볼	까	?						

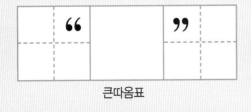

큰따옴표

작은따옴표

2016년 2월 10일 초판 **발행**
2022년 9월 10일 5쇄 **발행**

발행처 주식회사 지원 출판
발행인 김진용

주소 경기도 파주시 탄현면 검산로 472-3
전화 031-941-4474
팩스 0303-0942-4474

등록번호 406-2008-000040호